手軽なのに本格的！

飲みほす

ごくごくだしの本

上方料理研究家
吉田麻子

文化出版局

はじめに

私が生まれ育った家ではおだしをひくことは常のことでした。
おだしをひくということがあまりにも当り前のことで、ことさらに意識したこともなく母の料理を食べて育ちました。12年前に料理の仕事を始めて、おだしをひいているかたの少なさを目の当りにしてたいへん驚き、以来おだしの素晴らしさを一人でも多くのかたにお伝えしたいという思いで、おだしと毎日向き合って料理を作ってまいりました。昆布とかつおでひいたおだしのおいしさを体験したかたは、皆さま感激してくださいます。

しかし、従来の作り方では手間がかかるし、日常的にひくには抵抗があるというご意見をずっと耳にしてまいりました。食生活が多様化し、おだしをたくさんひいて作りおきしても、冷凍庫や冷蔵庫の中で余らせてしまうなどのお悩みや、おだしをひくなら材料にもこだわらないとダメという思込みも皆さまがお持ちと感じます。

おだしは決して特別なものではなく、素晴らしい日本の伝統食。おだしで作る料理の満足感は何物にも代えがたいものです。毎日なにかと忙しい現代の生活の中で、どうやったら気軽におだしを作ることができて、日常に取り入れられるのかを考え、いろいろと研究を重ね、家庭のお惣菜を作るには申し分のないおだし「飲みきりだし」が完成しました。難しいことは何もありません。特別な道具も必要ありません。お一人暮しのかたも家族がたくさんいらっしゃるかたにも便利に気軽におだし生活をお楽しみいただけると思っています。

皆さまの食生活がこの「飲みきりだし」で豊かになりますように。

吉田麻子

朝1杯の
ごくごくだし

手作りのだしは、心にも体にもしみるおいしさ。塩分控えめで、無添加、無調味なので安心していただけ、やさしいうまみと香りは日々の活力に。

ごくごく飲めるだしは
「飲みきりだし」と名付けました。
材料は昆布とかつお節です。

昆布はなんでもOK!
カットしておくと便利。

かつお節も使いきれる
パックのもので充分。

目次

だし多めの煮物、焼き物、蒸し物

一品で満足の滋味だしごはん

[コラム]

麻子のひとり言

この本の決り

- 大さじ1は15mℓ、小さじ1は5mℓ、1カップは200mℓです。
- 野菜を洗う、皮をむくなどの通常の下ごしらえは、省略してあります。

「飲みきりだし」のおすすめポイント。

◎ 毎回、使いきる、飲みきる量で作るから無駄が出ません。

◎ 使いたい時に、すぐ作れます。

◎ 通常の一番だしに比べ、
使用する昆布やかつお節の量がぐんと減ります。

◎ だしをとる時間も工程も短縮。
なのにしっかりうまみが出ます。

◎ 昆布の種類は問いません。
スーパーで売っているものでOK。
かつお節もパックのものを使用します。

◎ 和洋中、どんな料理にも
オールマイティに使えます。

◎ 市販のだしパックに比べ、
塩分も少ないので
そのままごくごく飲めます。

作りやすく、覚えやすい基本の分量です。

＋

＋

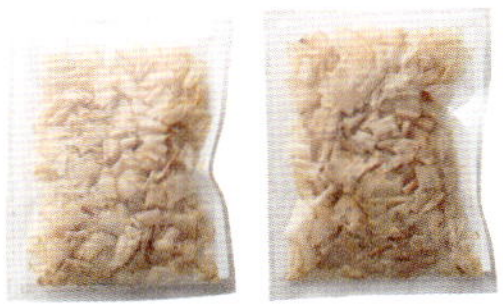

水	昆布	かつお節
2カップ （400mℓ）	4枚 （1枚/4×2.5cm 1g）	2パック （1パック 2g）

100 ： 1 ： 1

「飲みきりだし」の作り方です。

手に入る昆布とかつお節をシンプルに煮出して、使いきってしまう「飲みきりだし」。下準備の負担がなく、失敗なく、本物のだしが作れます。

材料（基本の分量）

・昆布…4×2.5cmを4枚（4g・a）
・かつお節… 2パック（4g）
・水… 2カップ

作り方

1. 鍋に昆布を入れて水を注ぎ、中火にかける（b）。
2. 鍋底から気泡が出てきたら（80℃前後）、火加減を調整しながらこの状態を5分キープする（c・水が1ℓの場合は10分この状態を保つ）。味をみて昆布のうまみが確認できたら、アク取り網で昆布をボウルに取り出し（d）、汁気をしっかりときって汁は鍋に戻す（e）。
3. ③の気泡が出ている状態のだしに、かつお節をまくようにふり入れ（f）、火を止める。かつお節が沈んだら、アク取り網ですくい、箸でぎゅっと押して汁気を絞りきる（g）。仕上り量は1割減。

a

b

c

d

麻子の
ひとり言

時短、簡単。うまみ濃厚なひきたてを使いきります

素材を引き立てたり、味をまとめたりと、だしがあるだけで料理は数段おいしくなります。でも、これが正解！というのがないのが、だし。私が生まれ育った関西ひとつとっても、「京の持ち味、浪速の喰い味」という言葉があるように、京都は素材の持ち味を生かした淡い味、大阪はまったりとした深い味を求め、プロのかたはそれに合う昆布やかつお節を厳選し、ひき方にもこだわっておられます。でも、家庭であれば、うまみを感じるだしがあればいいのでは……。本格的とまでいかなくても本物で、手間と時間をかけずにとれる、だし！ これって本音ですよね。そこで考え、行き着いたのが、「飲みきりだし」。昆布は利尻、羅臼、日高、真昆布、かつお節は荒節、本枯れ節の血合い入りといろいろありますが、そこはお好みで。うまみと香りがピークのひきたてを、使いきることを最優先しました。

e

f

g

つゆを飲みほす
ごくごく麺

麺はおつゆのおいしさが決め手。
とりわけ、関西のおつゆは、
お吸い物のように
一滴残さず飲みほせる
上品な味わいです。

きつねうどん

愛してやまない大阪発祥のうどん。

作り方12ページ

鶏なんば

大阪のねぎの産地、難波が名前の由来。

作り方13ページ

きつねうどん（10ページ）

大阪のおうどんといえば、揚げの甘煮がのる「きつね」。
油揚げは煮てから一度冷まし、味を含ませます。

a

b

c

材料（1人分）

・油揚げ（熱湯を回しかけて油抜きし、食べやすい大きさに切る）…1/2 枚分
・青ねぎ（斜め薄切り）…1 本分　・ゆでうどん…1 玉

〈 揚げの甘煮用 〉
・飲みきりだし（8ページ参照）…3/4 カップ（昆布 1½ 枚、かつお節 3/4 パック、水 3/4 カップ）
・うす口しょうゆ…大さじ 1　・砂糖…小さじ 1

・飲みきりだし（8ページ参照）…2 カップ（昆布 4 枚、かつお節 2 パック、水 2 カップ）

Ⓐ
みりん…大さじ 1 弱
うす口しょうゆ…大さじ 1 弱
塩…小さじ 1/5

・七味とうがらし（または黒七味）…適宜

作り方

1. 揚げの甘煮を作る。小鍋に材料を入れて中火にかけ、煮立ったら油揚げを加える（a）。落しぶたをして（b）、弱めの中火で煮汁がうっすらと残るくらいまで煮る。煮汁ごと冷ます（c）（食べる時に再度温めるといい）。
2. 別の鍋に飲みきりだしとⒶを入れて中火にかけ、うどんをほぐしながら加えて4〜5分煮る。青ねぎを加えて火を止める。
3. 器に②を盛り、①の揚げの甘煮をのせる。好みで七味とうがらしをふる。

麻子の
ひとり言

大阪庶民が
こよなく愛す
「きつねうどん」

「きつねうどん」の発祥は大阪・心斎橋にあるうどん店「本舗　松葉家（現・うさみ亭マツバヤ）」。いなりずしの揚げだけを別皿に盛って出していたのを、お客さんが素うどんにのせて食べたことから始まったといわれています。かつおと昆布がしっかりと利いただし、そのうまみを吸い取ったうどん、甘辛く煮たお揚げの三位一体のおいしさはうどん好きの大阪人をとりこにする味。食べ進むうちにおだしがどんどんおいしくなり、一滴残さず飲みほせます。

鶏なんば（11ページ）

鶏もも肉でおつゆがおいしく、
焼きねぎを入れるとさらにおいしさが増します。
ねぎは青ねぎでも。

材料（1人分）

- 鶏もも肉（一口大に切る）…80g
- 長ねぎ（4 cm長さに切る）…1/3 本分
- ゆでうどん…1 玉
- 飲みきりだし（8ページ参照）…2 カップ（昆布 4 枚、かつお節 2 パック、水 2 カップ）

Ⓐ
みりん…大さじ 1 弱
うす口しょうゆ…大さじ 1 弱
塩…小さじ 1/5

- 粉山椒…適宜

作り方

1. フライパンを熱し、長ねぎを中火で焼き、両面にこんがり焼き色をつける（a）。
2. 鍋に飲みきりだしとⒶを入れて中火にかけ、煮立ったら鶏肉を加えて2〜3分煮る（b）。①の焼きねぎと、うどんをほぐしながら加えて2〜3分煮る（c）。
3. 器に②を盛り、好みで粉山椒をふる。

a

b

c

麻子の
ひとり言

うどんにも だしにも寄り添う 色鮮やかな 「青ねぎ」

関東では白い部分が多い「長ねぎ（白ねぎ）」が一般的なのに対し、関西は緑色の部分が多くてやわらかな「青ねぎ」が主流です。私が子どもの頃は、長ねぎを「東京ねぎ」といって、青ねぎと区別していました。昔、大阪の難波周辺は辺り一帯、ねぎ畑だったそうで、そこからねぎを「なんば」と呼んだのだとか。この難波のねぎを復活させたのが、なにわの伝統野菜の「難波葱」で、京野菜の「九条ねぎ」の原種という説もあります。それぞれのおいしさがあり、お好みのものを使われるのでいいと思います。

難波葱　青ねぎ　長ねぎ

肉うどん

関西で肉といえば牛肉。

肉うどん

牛肉とねぎだけで、ごちそう感のある味に。
味が薄まらないように、麺はだしの中で温めます。

材料(1人分)

- 牛肉(切落し)…80g
- 青ねぎ(小口切り)…2 本分
- ゆでうどん…1 玉
- 飲みきりだし(8ページ参照)…2 カップ
(昆布 4 枚、かつお節 2 パック、水 2 カップ)

Ⓐ
- みりん…大さじ 1 弱
- うす口しょうゆ…大さじ 1 弱
- 塩…小さじ 1/5

- 七味とうがらし…適宜

作り方

1. 鍋に飲みきりだしとⒶを入れて中火にかけ、煮立ったらうどんを加えて2〜3分煮る。牛肉を加えてほぐし (a) アクを取りながら約 2 分煮る。
2. 器に盛り、好みで七味とうがらしをふり、青ねぎをのせる。

カレーうどん

だしが際立つマイルドカレー。

作り方20ページ

大阪人が好きなお鯛さんをのせて。

鯛にゅうめん

作り方20ページ

だししょうゆラーメン

体にやさしい和だし中華。

作り方21ページ

ネバとろあっさりの冷やし麺。

モロヘイヤぶっかけ

作り方21ページ

カレーうどん（16ページ）

（16ページ）

玉ねぎをいためてコクを出し、
飲みほせるマイルドな辛さに仕上げます。

材料（1人分）

- 油揚げ（熱湯を回しかけて油抜きし、短冊切り）…1/2 枚分
- 玉ねぎ（縦に薄切り）…1/2 個分
- とけるチーズ…適宜
- ゆでうどん…1 玉
- 飲みきりだし（8ページ参照）…1 ½ カップ
（昆布 3 枚、かつお節 1½ パック、水 1½ カップ）

Ⓐ　濃口しょうゆ…大さじ2½
　　みりん…大さじ1½

- カレー粉…大さじ 2
- 水溶きかたくり粉…大さじ 1（水、かたくり粉各小さじ 2）
- 米油…大さじ 1/2　・白髪ねぎ…適宜

作り方

1. 鍋に米油を入れて熱し、玉ねぎを中火でいためる。玉ねぎが透明になったら飲みきりだし（a）とⒶを入れ、煮立ったら油揚げを加えて中火で 3 分煮る。
2. ボウルにカレー粉を入れて①のだし少量で溶きのばし（b）、①に加える。
3. うどんは袋の表示どおりにゆでて、ざるに上げて湯をきり、器に盛る。
4. ②に水溶きかたくり粉を回し入れてとろみをつけ、1 分煮る。
5. ③の器に④のカレー汁をかける。チーズをのせ、好みで白髪ねぎを添える。

a

b

鯛にゅうめん（17ページ）

上品な鯛のおだしにはそうめんが合います。
鯛はさしみ用を使うと簡単。

材料（2人分）

- 鯛のさしみ…10 切れ
- しいたけ（石づきを落とし、薄切り）…2 個分
- 卵…1 個
- 三つ葉（3cm長さに切る）…4 本分
- そうめん…2束
（袋の表示どおりにゆでて水にさらし、水気をきる）
- 飲みきりだし（8ページ参照）…3½ カップ
（昆布 7 枚、かつお節3½ パック、水 3½ カップ）

Ⓐ　みりん…小さじ 2　うす口しょうゆ…大さじ 1
　　塩…小さじ 1/2

- 七味とうがらし…適宜

作り方

1. 錦糸卵を作る。ボウルに卵を割り入れ、塩少々（分量外）を加えて白身を切るように混ぜ合わせる。卵焼き器を中火で熱して米油（分量外）を薄くひき、卵液を少量落としてジュッと音がしたら全量を流し入れ（a）、底面がほぼ焼けたら返してもう片面も焼き、取り出して細切りにする（b）。
2. 鍋に飲みきりだしとⒶを入れて中火にかけ、煮立ったらしいたけ、そうめんを加えて温め、鯛を加えてすぐに火を止める。
3. 器に②を盛り、①をのせ、三つ葉を添える。好みで七味とうがらしをふる。

a

b

だししょうゆラーメン（18ページ）

懐かしくて、体に負担にならないだしスープ。
昭和な味に心もほっこり癒やされます。

材料（1人分）

- ゆで卵（半分に切る）…1個分
- メンマ…適宜
- 青ねぎ（小口切り）…2本分
- 焼きのり…適宜
- 生中華麺…1玉
- 飲みきりだし（8ページ参照）…1カップ
（昆布２枚、かつお節１パック、水１カップ）

Ⓐ
濃口しょうゆ…大さじ 1⅓
酒（あれば紹興酒）…大さじ 1/2
塩…小さじ 1/2

- こしょう…適宜

作り方

1. 中華麺は袋の表示どおりにゆでて、ざるに上げて湯をきる。
2. 鍋に飲みきりだしとⒶを入れて中火にかけ、煮立ったら火を止める。
3. 器に②のだしを注ぎ、①の麺を入れて、ゆで卵、メンマ、青ねぎ、焼きのりをのせ、こしょうをふる。

モロヘイヤぶっかけ（19ページ）

体にいいネバネバ食材を使っためんつゆは、
長芋やオクラで作っても。

材料（2人分）

- モロヘイヤ（茎のかたい部分は除き、ざく切り）…1/2袋分
- まぐろのさしみ（粗くたたく）…80g
- トマト（粗く刻む）…1個分
- みょうが（みじん切り）…1個分
- 大葉（色紙切り）…6枚分
- 生茶そば（乾麺でもいい）…２玉

〈めんつゆ〉

- 飲みきりだし（8ページ参照）…1カップ
（昆布2枚、かつお節1パック、水1カップ）
- 濃口しょうゆ…大さじ 2⅓
- みりん…大さじ 1⅔　・酒…大さじ１

- おろしわさび…適宜
- すだち（あれば）…適宜

作り方

1. めんつゆを作る。小鍋に材料を入れて中火にかけ、煮立ったら火を止める。粗熱が取れたら冷蔵庫で冷やす。
2. モロヘイヤは 20 秒ゆでる。水にとり、水気をきる。
3. ①のめんつゆと②をミキサーに入れて攪拌し、冷蔵庫で冷やす。
4. ボウルにまぐろ、トマト、みょうが、大葉を入れて混ぜ合わせる。
5. 茶そばは袋の表示どおりにゆでて水で洗い、水気をきる。
6. 器に⑤を盛って④をのせ、おろしわさびを添え、あればすだちを添える。③のモロヘイヤめんつゆを回しかけ、混ぜながらいただく。

冷やし豆乳だしキムチ麺

やさしくて刺激的な滋養麺。

作り方24ページ

飲みきれるスープでさっぱりと味わう。

冷製だし ビネガーパスタ

作り方25ページ

冷やし豆乳だしキムチ麺（22ページ）

体思いの冷麺。
練りごまはダマになりやすいので
だしは少しずつ加え、最後に豆乳を合わせます。

材料（2人分）

- キムチ（食べやすい大きさに切る）…適宜
- きゅうり（せん切り）…1/2 本分
- トマト（6等分にくし形切り）…1/2個分
- ゆで卵（半分に切る）…1個分
- 半田麺…2 束

〈 豆乳だし 〉

Ⓐ｜白練りごま（またはすりごま）…大さじ 1
　｜うす口しょうゆ…小さじ 1/2　塩…小さじ 1/2

- 飲みきりだし（8ページ参照）…1カップ
（昆布 2 枚、かつお節 1 パック、水 1 カップ）
- 無調整豆乳…1/2 カップ

作り方

1. 豆乳だしを作る。ボウルにⒶを合わせ、飲みきりだしを少しずつ加えて混ぜる（a）。
豆乳を加えて混ぜ合わせ、冷蔵庫で冷やす。
2. 半田麺は袋の表示どおりにゆで、水で洗い、水気をきる。
3. 器に②を盛り、①の豆乳だしを注ぎ、キムチ、きゅうり、トマト、ゆで卵をのせる。

a

冷製だしビネガーパスタ (23ページ)

酸味のあるスープとあおさの香り立つゼッポリーニ。
細めのカッペリーニがよく合います。

材料(2人分)

〈ゼッポリーニ〉
・しらす…15g
・あおさのり(乾燥)…3g
・強力粉、薄力粉…各大さじ3
・ベーキングパウダー…小さじ1/4
・塩…小さじ1/4
・ぬるま湯…大さじ$2\frac{2}{3}$
・オリーブ油…大さじ1/2

・カッペリーニ…160g

〈冷製だし〉
・飲みきりだし(8ページ参照)…2カップ
(昆布4枚、かつお節2パック、水2カップ)
Ⓐ うす口しょうゆ、みりん…各大さじ$2\frac{2}{3}$
　 酢…大さじ$1\frac{2}{3}$
　 塩…少々
・タイム…1枝
・レモン汁…大さじ1

・ディル…少々
・揚げ油

作り方

1. 冷製だしを作る。小鍋に飲みきりだしとⒶを入れて中火にかけ、煮立ったらタイムを加え(a)、火を止める。粗熱が取れたらレモン汁を加え、冷蔵庫で冷やす。
2. ゼッポリーニを作る。ボウルに強力粉と薄力粉、ベーキングパウダー、塩、あおさのりを入れ、泡立て器でよく混ぜる。ぬるま湯とオリーブ油を加えて混ぜ、なめらかになったらしらすを加えて泡立て器で混ぜ合わせる。170°Cに熱した揚げ油に4等分した生地をスプーンですくって入れ、返しながらきつね色になるまで揚げる(b)。
3. カッペリーニは1%の塩(分量外)を入れた熱湯で袋の表示どおりにゆでる。氷水にとり、しっかりと水気をきる。
4. 器に③を盛り、①の冷製だしを注ぎ、②のゼッポリーニをのせて、ディルをのせる。

だしがしみる！
やっぱり
鍋だね

作り方はシンプルでも、だしで炊くと
すべての具材がおいしくなります。
炊きながら食べ頃を味わう鍋は、
簡単にして最高のごちそうです。

大阪では牛すじ、
たこ、白天は必須。

大阪おでん

作り方28ページ

大阪おでん (26ページ)

具材は火の通りを逆算し、時間差をつけて煮上げます。
たこは上品な味でいただきたい時は最後に入れます。

材料(2人分)

・大根(2cm厚さの輪切り)…1/6本分(200g)
・牛すじ肉(ボイル／食べやすい大きさに切り、串に刺す・a)…100g
・ゆでたこの足(食べやすい大きさに切る)…1本分
・白天(半分に切る)…1枚分
・ごぼう天(斜め半分に切る)…1本分
・厚揚げ(熱湯を回しかけて油抜きし、半分に切る)…1枚分
・ゆで卵…2 個
・こんにゃく(約5分ゆでてアク抜きし、格子状に切込みを入れて
　三角形に切る・b)…1/2 枚分
・飲みきりだし(8ページ参照)…4 カップ
　(昆布 4 枚、かつお節 2 パック、水 4 カップ)

Ⓐ
　酒…大さじ4⅓
　みりん…大さじ2⅔
　うす口しょうゆ…大さじ1⅔
　濃口しょうゆ…大さじ 1 弱
　塩…小さじ 1/3

・田楽みそ(白玉みそ)…適宜*
・からし…適宜
*田楽みその作り方は、鍋に白みそ 200g、卵黄1個分、砂糖 20g、
みりん大さじ2を入れてしっかりと混ぜ合わせ、
弱火にかけて元の白みそのかたさになるまで練り上げる。
粗熱を取り、清潔な容器で保存する。
白みそは糖度が高いので冷凍庫で1か月保存可能。

作り方

1. 大根は皮をむいて十字に隠し包丁を入れ（c）、水から約 15 分ゆでる。
2. 鍋に飲みきりだしとⒶを入れて、中火にかける。大根とこんにゃく、厚揚げを入れ、煮立ったら弱火にして約 40 分煮る。
3. たこと牛すじ、ゆで卵を加えて約 20 分、白天、ごぼう天を加えてさらに約 10 分煮る。冷まして味を含ませる。
4. 弱火で約 10 分温め、からしと田楽みそを添える。

a

b

c

麻子の
ひとり言

「牛すじ」なくして、おでんの味は決まらない

関西おでんの定番といえば「牛すじ」。関東ではあまりなじみがないようですが、牛のアキレス腱や筋張った部位の肉のことです。生はゆでこぼしてから使いますが、最近は下処理したものが多く、手間が省けるので私はこちらを使っています。コラーゲンたっぷりで、ゆっくり煮込むとやわらかな食感になり、だしのうまみがこれでぐんと増すんです。実家のおでんは、きくらげ入りの「白天」を入れるのも定番。天神祭の時におすましにしていただく風習があり、大阪ではなじみのある白い練り物です。

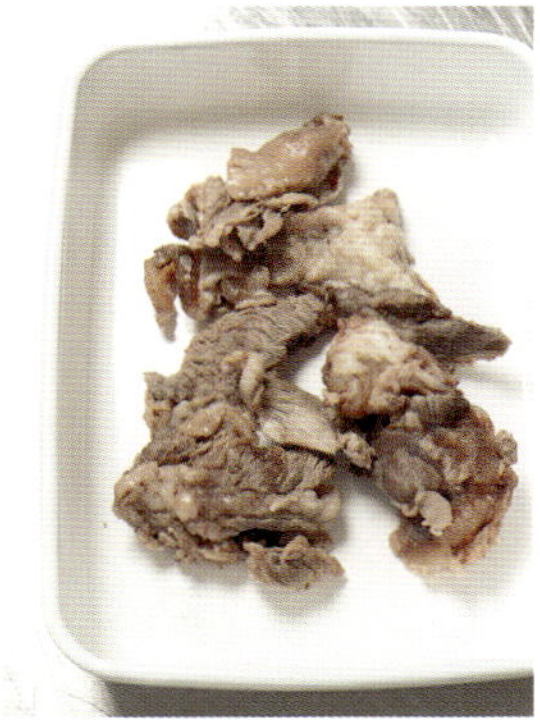

だし湯豆腐

湯豆腐の上をいくおいしさ。

心や体が疲れている時に食べてもらいたい湯豆腐。
とろろ昆布をのせるとハッとするおいしさに。

材料(2人分)

- 絹ごし豆腐…1丁(350g)
- とろろ昆布…適宜
- 飲みきりだし(8ページ参照)…3カップ
  (昆布6枚、かつお節3パック、水3カップ)

〈割りしょうゆ〉

- 飲みきりだし…大さじ5
  (上記飲みきりだしから取り分ける)
- Ⓐ 濃口しょうゆ…大さじ3
  みりん…小さじ2
- かつお節…1g
- 青ねぎ(小口切り)、かつお節、
  おろししょうが…各適宜
- すだち(またはレモン)…適宜

作り方

1. 割りしょうゆを作る。
小鍋に飲みきりだしと
Ⓐを入れて中火にかけ、
煮立ったらかつお節を加え、
火を止める。冷めたら、こす。
2. 土鍋に残りの飲みきりだしと
鍋に入るサイズにカットした
豆腐を入れ、中火にかけて温める。
煮立ちそうになったら火を弱める。
3. 豆腐の上にとろろ昆布をのせる。
4. 豆腐をくずしながら、①の割りしょうゆ
(濃口しょうゆでもいい)、薬味、柑橘でいただく。

はりはり鍋

くじら肉で作る大阪発祥の鍋を
牛肉でアレンジ。

おだしでお肉をあっさり、野菜をたっぷりいただけます。
飲みきりだし5カップの場合は
昆布を入れて10分ほど火にかけます。

材料（2人分）

- 牛薄切り肉（切落し）…200g
- 水菜（4～5 cm長さに切る）…1束分
- えのきだけ（石づきを落とし、小房に分ける）…1/2 袋分
- 油揚げ（熱湯を回しかけて油抜きし、短冊切り）…1枚分
- 飲みきりだし（8ページ参照）…5 カップ（昆布 10 枚、かつお節 5 パック、水 5 カップ）

Ⓐ うす口しょうゆ…大さじ 2
　 みりん、酒…各大さじ $1\frac{1}{3}$

- ゆずの皮（すりおろす）…適宜

作り方

1. 鍋に飲みきりだしを入れて中火にかけ、煮立ったらⒶで調味する。
2. ①に具材を入れる。
3. 牛肉に火が通ったら器に取り分け、好みでゆずをあしらう。

おかずいらずの満足汁

贅沢なものでなくても、具だくさんのお汁があると嬉しいもの。
素材から出るうまみで、おだしは数段おいしくなります。

大阪人がこよなく愛する味。

肉吸い

肉吸い

手軽でおいしくて、栄養もしっかりとれる一品。
肉のうまみのあるだしには、大根も豆腐も合います。

材料（2人分）

- 牛肉（切落し／食べやすい大きさに切る）…200g
- 木綿豆腐（食べやすい大きさに切る）…200g
- 大根（いちょう切り）…60g
- 卵…2 個
- 飲みきりだし（8ページ参照）…3カップ
  （昆布 6 枚、かつお節 3 パック、水 3 カップ）

Ⓐ
- うす口しょうゆ…大さじ 1 強
- みりん…小さじ 2½
- 塩…小さじ 1/3 強

- 青ねぎ（小口切り）…2 本分
- 七味とうがらし、粉山椒…各適宜

作り方

1. 鍋に飲みきりだしとⒶ、大根を入れて中火にかける。7～8分煮て大根がしんなりとしたら、牛肉と豆腐を加え、卵を割り入れる。
   卵が好みのかたさになったら青ねぎを散らし、火を止める。
2. 器に盛り、好みで七味とうがらし、粉山椒をふる。

麻子の
ひとり言

芸人さんの
別注から
生まれた
「肉吸い」

大阪のご当地グルメの一つ「肉吸い」。最近は、コンビニエンスストアでも見かけるようになりましたが、発祥は難波にある「千とせ」といううどん屋さん。吉本新喜劇の役者さんが「肉うどんのうどん抜き」を注文したのが始まりだといわれています。牛肉から出たうまみでおだしに甘みとコクが加わり、吸い物感覚で飲みほせるお味です。これに青ねぎをトッピングするだけですが、相性のいい卵や豆腐を加えるとこれ一品で満足できるボリュームになります。

豚肉しっとり、根菜ゴロゴロ。

具だくさん豚汁

作り方36ページ

しんなりしつつ食感が残る。

沢煮椀

作り方36ページ

主菜にも、おかずにもなる。

ミネストローネ

作り方37ページ

残り野菜を余すことなく使う。

台所スープ

作り方37ページ

具だくさん豚汁（34ページ）

食べごたえ満点の豚汁。
アク抜きはせず、豆乳でまろやかに。

材料（2人分）

- 豚バラ肉（薄切り／3cm幅に切る）…60g
- 大根（皮をむき、5mm厚さのいちょう切り）…120g
- 蓮根（皮をむき、縦に4等分して乱切り・a）…50g
- ごぼう（乱切り）…50g
- さつまいも（皮つきのまま7mm厚さのいちょう切り）…100g
- こんにゃく（約5分ゆでてアク抜きし、スプーンで一口大にちぎる・b）…120g
- 飲みきりだし（8ページ参照）…3カップ
  （昆布6枚、かつお節3パック、水3カップ）
- みそ（好みのもの）…40g
- 無調整豆乳…大さじ3
- 長ねぎ（小口切り）…適宜

作り方

1. 鍋に飲みきりだしと野菜、こんにゃくを入れて中火にかける。煮立ったら豚肉を加え、アクを取りながら弱火で約8分煮る。
2. 豆乳でのばしたみそを①に溶き入れ、沸騰直前で火を止める。
3. 器に盛り、長ねぎをのせる。

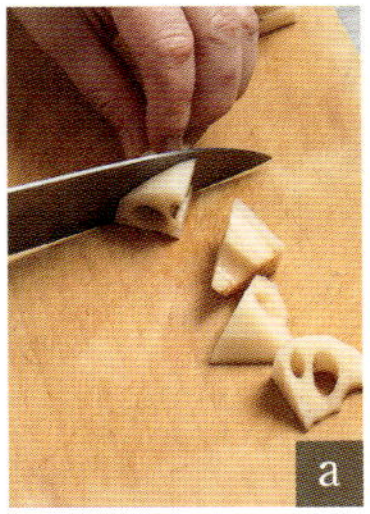

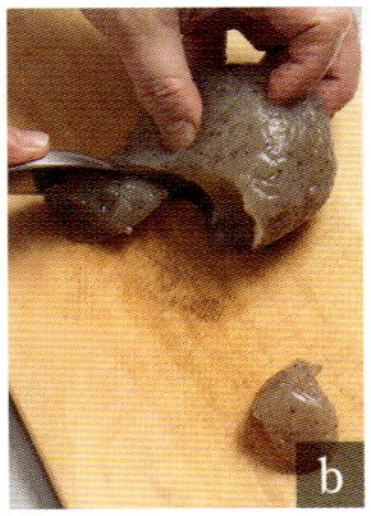

沢煮椀（34ページ）

野菜が多いとそれだけで嬉しい。
うまみ、食感、香りを味わい尽くせるおつゆです。

材料（2人分）

- ベーコン（4cm長さの細切り）…25g
- 大根、にんじん（それぞれ皮をむき、4cm長さの細切り・a）…各約50g
- しいたけ（軸は石づきを落とし、さく・b。かさの部分は細切り）…2個分
- さやいんげん（斜め薄切り）…4本分
- セロリ（筋を除き、4cm長さの細切り）…30g
- 飲みきりだし（8ページ参照）…3カップ
  （昆布6枚、かつお節3パック、水3カップ）

Ⓐ
- うす口しょうゆ…小さじ1½
- 塩…小さじ1/3強

- 粗びき白こしょう…適宜

作り方

1. 鍋に飲みきりだしと大根、にんじん、セロリ、さやいんげんを入れて中火にかける。野菜が軽くしんなりしたらベーコン、しいたけを加える。煮立ったらⒶを加え、全体を混ぜる。
2. 器に盛り、粗びき白こしょうをふる。

ミネストローネ（35ページ）

（35ページ）

おだしで作って、塩、こしょうだけの
味つけなのに洋風のスープに。

材料（作りやすい分量）

・牛すじ肉（ボイル／１cm角に切る）…100g*
・じゃがいも（小／皮をむき、1 cm角に切る）…1 個分
・セロリ（筋を除き、1 cm角に切る）…1/4 本分
・玉ねぎ（皮をむき、1 cm角に切る）…1/4 個分
・キャベツ（1 cmの色紙切り）…1枚分
・にんじん（1 cm角に切る）…1/2本分
・ミックス豆ドライパック（または水煮）…1 袋（60g）
・オリーブ油…小さじ 1½
・飲みきりだし（8ページ参照）…3カップ
（昆布 6 枚、かつお節 3 パック、水 3 カップ）
・トマトの水煮缶…1/2 缶（200g）
・塩、こしょう…各適宜　・粉チーズ…適宜
*かたい場合は下ゆでして使用する。

作り方

1. 鍋にオリーブ油を熱し、野菜と豆、牛すじを中火でいためる。
2. 全体に油が回ったら、飲みきりだし（a）とトマトの水煮を加え、アクを取りながら具材がやわらかくなるまで弱火で煮る。塩、こしょうで調味する。
3. 器に盛り、粉チーズをふる。

a

台所スープ（35ページ）

少しずつ残ってしまった野菜で作るスープ。
想像以上のおいしさに、体も心も満たされます。

材料（2人分）

・残り野菜（みじん切り）…150g*
・玉ねぎ（みじん切り）…1/4 個分
・パセリの葉（みじん切り）、茎…各適宜
・飲みきりだし（8ページ参照）…1½ カップ
（昆布 3 枚、かつお節1½ パック、水 1½ カップ）
・牛乳…3/5 カップ　・塩、こしょう…各適宜　・バター…10g
*キャベツの芯、かぶの茎と皮、にんじんの皮、白菜の芯、しめじの残りなど。

作り方

1. 鍋にバターを入れて温め、玉ねぎを中火でいため、透明になってしんなりとしたら残り野菜を加え、さらにいためる。
2. 野菜がしんなりしたら飲みきりだしとパセリの茎を加え、約 10 分煮る。パセリの茎を取り出し、ミキサーで攪拌する。
3. ②を鍋に戻し、牛乳を加えて温め、塩、こしょうで調味する。
4. 器に盛り、パセリの葉をふる。

「始末の心」が
おいしさを生む

麻子の
ひとり言

「もったいない」と思う精神は、食品ロス削減につながる現代人の共通認識になっていますが、大阪では昔から日々の食事に根付いていたように思います。「船場汁」や「半助鍋」などの郷土料理は、まさにそれ。そんな始末の心が生むおいしさは野菜料理もしかり。台所に少しずつ残っている野菜を具材にするだけでおかずになり、だしと一緒に煮出すと極上のスープになります。

おだしで仕立てたのに洋の味わい。

クラムチャウダー

作り方40ページ

酒かすと白みそで
うまみとコク増し。

シチュー風かす汁

作り方41ページ

おかずにもお汁にもなる。

鶏だんごごま汁

作り方40ページ

クラムチャウダー （38ページ）

おだしは万能！
プラス牛乳、ワイン、バターでスープになります。

材料（2人分）

- あさり（砂抜きして、洗う）…300g
- じゃがいも（大／皮をむき、1cm角に切る）…1 個分
- 玉ねぎ（皮をむき、1 cm角に切る）…1/2 個分
- セロリ（筋を除き、1cm角に切る）…1/2 本分
- もち麦ドライパック…30g
- 飲みきりだし（8ページ参照）…1カップ
  （昆布 2 枚、かつお節 1 パック、水 1 カップ）
- 牛乳（または無調整豆乳）…1カップ
- 白ワイン…大さじ2　・バター…20g
- 塩、こしょう…各適宜　・パセリ（みじん切り）…適宜

作り方

1. 鍋にあさりと白ワインを入れて中火にかけ、ふたをして蒸し煮にする。貝の殻が開いたら火から下ろしてあさりを取り出し、煮汁はとりおく。
2. 別の鍋にバターを入れて火にかけ、とけたら野菜を中火でいためる。バターがからんだら飲みきりだしと①のあさりの煮汁を加え（a）、野菜がやわらかくなるまで弱火で約10分煮る。
3. ②に①のあさり、もち麦を加え、一煮立ちしたら牛乳を加え（b）、塩、こしょうで調味し、煮立つ直前に火を止める。
4. 器に盛り、パセリを散らす。

a

b

鶏だんごごま汁 （39ページ）

お肉ふっくら、白菜とろり。鶏だんごは大きく丸めると
食べごたえのあるおかずになります。

材料（2人分）

〈 鶏だんご 〉
- 鶏ひき肉…200g
- しょうが（みじん切り）…10g
- 長ねぎ（みじん切り）…10g
- かたくり粉…小さじ 2
- 塩…少々

- 白菜（芯と葉を分け、食べやすい大きさに切る）…150g
- 飲みきりだし（8ページ参照）…3 カップ
  （昆布 6 枚、かつお節 3 パック、水 3 カップ）

Ⓐ うす口しょうゆ…小さじ 2
　 塩…小さじ 2/3

- 白いりごま…大さじ1

作り方

1. ボウルに鶏だんごの材料を入れ（a）、粘りが出るまでしっかりと混ぜる。6等分してだんご状に丸める（b）。
2. 鍋に飲みきりだしを入れて強火にかけ、煮立ったら白菜の芯を入れて弱火にし、再び煮立ったら①の鶏だんごを加え、アクを取りながら 5 分煮る。白菜の葉とⒶを加えて一煮立ちさせ、ごまをふり入れて器に盛る。

a

b

シチュー風かす汁（39ページ）

鮭が定番のかす汁をぶりで作ってみました。
野菜をいためるとうまみが立ち、シチューのように。

材料（2人分）

- ぶり（4 等分に切り、塩少々をふって 10 分おく）…1 切れ分
- かぶ（皮をむき、大きめのくし形切り）…大1個分
- 里芋（皮をむき、半分に切る）…4個分
- まいたけ（小房に分ける）…40g
- 飲みきりだし（8ページ参照）…3 カップ
  （昆布 6 枚、かつお節 3 パック、水 3 カップ）
- 酒かす…60g
- 白みそ（または好みのみそ）…25g
- うす口しょうゆ、塩…各適宜
- オリーブ油…大さじ 2/3

作り方

1. 厚手の鍋にオリーブ油を入れて中火にかけ、かぶと里芋を入れていため（a）、まいたけを加える。油が全体にからんだら飲みきりだしを加え、煮立ったら火を弱め、里芋がやわらかくなるまで約 10 分煮る。
2. ボウルに酒かすと白みそを入れ、①のだし適宜で溶きのばし（b）、①に加える。
3. 煮立ったら、ぶりを加える。ぶりに火が通ったら、味をみてうす口しょうゆと塩で調える。

麻子の
ひとり言

うまみやコク出しに「白みそ」は欠かせません

白みそは和食に欠かせないもので、おみそ汁やお雑煮などの汁物や、あえ衣、田楽みそ、みそ漬けなどにも使えます。京都の特産品のイメージがありますが、私は昔から甘くて濃厚な大阪・日本橋の「大源味噌」の白みそを使っています。少し甘みがあって、ちょっと加えることでうまみやコクが生まれ、豆乳と合わせるとシチューのようになったり、かす汁に足すとマイルドでやさしい味に仕上がり、料理のジャンルにこだわることなく使えます。冷蔵庫におくと、発酵が進んでしまうので、保存は冷凍がおすすめです。

新玉ねぎの季節に作ってほしい、甘くてやさしい養生スープ。
塩麹を入れるだけで味わいが増します。

材料(2人分)

- 新玉ねぎ(皮をむく)…2 個
- ローリエ…1枚
- 飲みきりだし(8ページ参照)…4カップ
(昆布 8 枚、かつお節 4 パック、
水 4 カップ)
- 塩麹…小さじ 1
- 塩、粗びき黒こしょう…各適宜
- エキストラバージンオリーブ油
…適宜

作り方

1. 鍋に飲みきりだしと玉ねぎとローリエを入れて中火にかけ、煮立ったら弱火にして、ふたをずらしてのせ、約 30 分煮る。
2. 塩麹を加え、味をみて塩で調える。
3. 器に盛り、オリーブ油をさっと回しかけ、粗びき黒こしょうをふる。

新玉ねぎの甘みを凝縮。

丸ごと玉ねぎだしスープ

鶏手羽で作ると簡単、時短。

お手軽サムゲタン

鶏一羽を使わなくてもおいしく、
おだしで作ると
鶏肉もご飯もあっさり。
鶏肉はお好みで
塩をつけてどうぞ。

材料（2人分）

- 鶏手羽元…6本
- 玄米（または白米）
  …大さじ2
- 長ねぎ（1cm幅の斜め切り。
  飾り用の青い部分少々は小口切り）
  …1本分
- 飲みきりだし（8ページ参照）…4カップ
  （昆布8枚、かつお節4パック、水4カップ）
- しょうが（せん切り）…1かけ分
- にんにく（皮をむき、つぶす）…1かけ分
- くこの実…適宜　・塩…適宜

a

作り方

1. 玄米は洗ってざるに上げる。
2. 鍋に飲みきりだしとしょうが、にんにく、長ねぎ、鶏手羽元、玄米を入れて中火にかける（a）。煮立ったら弱火にして、ふたをずらしてのせ、約30分煮る。
3. 器に盛り、飾り用のねぎとくこの実をのせる。塩を添え、好みでつけていただく。

何が出てくるかお楽しみ。

汁だく福俵

油揚げとおだしは好相性。
具は3種類あり、おだしは飲みほせる味つけ。

材料(2人分)

・油揚げ(熱湯を回しかけて油抜きする)…3 枚
・卵…2個

Ⓐ
鶏ひき肉…40g
しいたけ(軸は石づきを落とし、さく。かさの部分は1cm角に切る)
…2 個分
おろししょうが、塩…各少々

Ⓑ
菊菜(根を落とし、3 cm長さに切る)…10g
長芋(皮をむき、すりおろす)…60g
餅(4 等分に切る)…1個分

・飲みきりだし(8ページ参照)…3 カップ
(昆布 6 枚、かつお節 3 パック、水 3 カップ)

Ⓒ
みりん…大さじ1
うす口しょうゆ…小さじ1
塩…小さじ1/3

・ゆずこしょう…適宜

作り方

1. 油揚げは横半分に切り、袋状に開く。
2. 卵は小さな器に割り、①の2枚に1個ずつ流し入れて (a)、ようじでとめる。
3. Ⓐを混ぜ合わせ、①の2枚に半量ずつ詰め (b)、水でもどした切干し大根 (分量外) で結ぶ (ようじでとめてもいい)。
4. Ⓑは長芋、餅、菊菜の順に半量ずつ①の2枚に詰め (c)、ゆでた三つ葉の軸(分量外)で結ぶ(ようじでとめてもいい)。
5. 鍋に飲みきりだしとⒸを入れて中火にかける。煮立ったら火を弱め、③を入れて約4分煮、②と④を加えてさらに約4分煮る。途中 2 分たったら上下を返す。
6. 器に盛り、好みでゆずこしょうを添える。

a

b

c

みんな大好き 卵&だし

卵にだしを加えると、心にも体にもやさしいお味に。
シンプルな卵料理は難しく思われがちですが、火入れの仕方がポイントです。

あっさり銀あんで
関西風に。

天津飯

天津飯は、関西は塩やしょうゆで作るあっさりあん。
だしで作ると上品な味わいに。

材料（1人分）

- 卵…2 個
- かにかまぼこ（ほぐす）…2 本分
- 長ねぎ（小口切り）…長さ 5 cm分
- 塩、こしょう…各少々
- ごま油…小さじ 1/4
- 温かいご飯…茶碗 1 杯分
- 米油…大さじ 1½

〈あん〉
- 飲みきりだし（8ページ参照）…3/4 カップ
 （昆布 1½ 枚、かつお節 3/4 パック、水 3/4 カップ）

Ⓐ
- 紹興酒（または日本酒）…小さじ 1
- 濃口しょうゆ…小さじ 1
- 塩…小さじ 1/4　こしょう…少々

- 水溶きかたくり粉…大さじ 1½
 （水、かたくり粉各大さじ1）

作り方

1. ボウルに卵をときほぐし、かにかまぼこ、長ねぎ、塩、こしょう、ごま油を加えて混ぜる（a）。
2. 器にご飯を盛る。
3. フライパンに米油を入れて中火で熱し、①の卵液を少量落としてジュッと音がしたら、全量を流し入れる。菜箸で大きくかき混ぜ（b）、半熟状になったらすぐに②のご飯の上にのせる（c）。
4. ③のフライパンをペーパータオルで拭き、あん用の飲みきりだしとⒶを入れて中火にかけ、煮立ったら水溶きかたくり粉を加えてとろみをつけ（d）、③にかける（e）。

a

b

c

d

e

からめるだけで だしが際立つ 「あんかけ」は すごい

あんかけは素晴らしい調理法だと思います。とろみをつけてあんにすると、素材にからんでおだしの味がしっかりと感じられ、料理が冷めるのを防いでくれます。料理屋さんでは葛を使いますが、家庭でしたらかたくり粉でよく、水とかたくり粉は1：1が基本。余談ですが、天津飯のあんは関東と関西で違いがあるようで、以前、東京のあんの色が濃くてびっくり。ケチャップ入りの甘酢あんだそうで、関西はしょうゆあんか透明の塩あんが一般的です。

茶碗蒸し

卵料理にして、だし料理。

卵とだしだけで作るシンプルを極めた茶碗蒸し。
卵液はこしてから蒸すと口当りなめらか。

材料(2人分)

・卵(よくときほぐす)…2 個分
・飲みきりだし(8ページ参照)…2 カップ
(昆布 4 枚、かつお節 2 パック、水 2 カップ)

Ⓐ うす口しょうゆ…大さじ 1
みりん…小さじ $1\frac{1}{3}$
塩…少々

作り方

1. ボウルに卵を入れ、飲みきりだしとⒶを加えて混ぜ、目の細かいこし器でこす (a)。こし器に残った卵白もこしきる (b)。
2. 耐熱の器に卵液を注ぎ、表面の泡を除く。よく蒸気の上がった蒸し器に入れ (c)、強火で約 3 分、卵液の表面が白くなったら火を弱め、弱火で 6 ～ 7 分蒸す。竹串を刺して澄んだ汁が上がってくれば完成。

これ一品で大満足のうどん入り茶碗蒸し「小田巻き蒸し」

小田巻き蒸しをご存じのかたは、かなりの大阪通。うどん入りの茶碗蒸しのことで、大阪発祥の郷土料理といわれています。具だくさんの料理ですから、昔はごちそうだったと思います。定番の具材のかまぼこは「蒸しかまぼこ」が一般的ですが、私は大阪の老舗「大寅《だいとら》」の「焼通し」を使っています。すり身を蒸さずに最初から最後まで焼いた、関西独特のかまぼこで、弾力があって濃厚な味です。

材料(2人分)

・卵(よくときほぐす)…1 個分
・鶏もも肉(一口大に切る)…1/4 枚分(60g)

Ⓐ むきえび(殻をむいて背わたを取り、酒適宜でもむ)…2 尾分
かまぼこ(薄切り)…2 切れ
しめじ(石づきを落とす)…適宜　ゆでうどん…1 玉

・三つ葉(1.5 ㎝長さに切る)…適宜
・飲みきりだし(8 ページ参照)…1 カップ
(昆布 2 枚、かつお節 1 パック、水 1 カップ)

Ⓑ うす口しょうゆ…大さじ 1/2
みりん…大さじ 1/2　塩…少々

作り方

1. 鶏肉は濃口しょうゆ少々(分量外)をまぶす。
2. ボウルに卵を入れ、飲みきりだしとⒷを加えて混ぜ、目の細かいこし器でこす。こし器に残った卵白もこしきる。
3. 耐熱の器に①、Ⓐ、②の卵液の順に入れる。
4. よく蒸気の上がった蒸し器に入れ、強火で約 3 分、弱めの中火で 15 ～ 20 分蒸す。三つ葉をのせる。

だし巻き

だし味を楽しむ卵焼き。

焼きたてをいただくだし巻きは、卵3個に対してだし80mℓくらいが目安。
温かいうちに、巻きすで形を整えます。

材料（1本分）

- 卵…3 個
- 飲みきりだし（8ページ参照）…2/5 カップ
  （昆布 1 枚弱、かつお節 4/5 パック、水 2/5 カップ）

Ⓐ
うす口しょうゆ…小さじ1強
塩…少々

- 米油…適宜

作り方

1. ボウルに卵を割り入れてよく混ぜ、飲みきりだしとⒶを加えて混ぜ合わせる。
2. 米油を含ませたペーパータオルで卵焼き器の表面を拭き（a）、中火にかける。①の卵液を少量落としてジュッと音がしたら、卵焼き器を火から下ろしていったんぬれぶきんの上にのせる。再び火にかけ、卵液の 1/4 量を流し入れる。七分どおり火が通り、表面がぷくぷくと膨らんできたら箸でつぶして空気を抜き（b）、卵の縁を卵焼き器からはがし、奥から手前に向かって巻く（c）。
3. 巻いた卵を卵焼き器の奥に滑らせ、手前の面に油が足りないようなら米油を薄くぬる（d）。残りの卵液の 1/3 量を流し、巻いた卵の下にも流し込み（e）、②と同じ手順で奥から手前に巻く（f）。同じ作業を2回繰り返す。
4. ③を巻きすで巻いて形を整え（g）、そのまま休ませる。
5. 食べやすい大きさに切り、器に盛る。

明石焼き

たこをだしで味わう
明石のソウルフード。

明石焼き

ふわふわの生地の中にたこが入った明石焼きは、
おだしでいただくのが基本。
シャバシャバの卵液を入れたら表面を一気に焼き固めます。

材料（作りやすい分量）

・ゆでたこの足（1cm厚さに切る）…1本分

〈 生地 〉
・卵…2 個
・飲みきりだし（8ページ参照）…1カップ
（昆布 2 枚、かつお節 2 パック、水 1 カップ）
・薄力粉…50g　・塩…少々

〈 つけ汁 〉
・飲みきりだし（8ページ参照）…2カップ
（昆布 4 枚、かつお節 2 パック、水 2 カップ）
・うす口しょうゆ…小さじ 2/3
・酒…大さじ 1　・塩…少々

・しょうがの甘酢漬け（あれば）…適宜
・米油…適宜
・三つ葉（1cm長さに切る）…適宜

作り方

1. 生地を作る。ボウルに卵を割り入れてよく混ぜ、飲みきりだしと塩を加えて泡立て器でしっかりと混ぜる。薄力粉をふるいながら加え、ふんわりと混ぜる。
2. たこ焼き器に米油を薄くひいて中火で熱し、①の生地を流し入れる（a）。たこを入れ（b）、生地の縁が固まりだしたらピックで回転させながら焼く（c）。
3. つけ汁を作る。小鍋に材料を入れて中火にかけ、煮立ったら火を止める。
4. 明石焼きを器に盛り、あればしょうがの甘酢漬けを添える。三つ葉を散らした③につけていただく。

a

b

c

「たこ焼き」は ソース、 「明石焼き」は だしで味わう

明石焼きは兵庫県明石市の郷土料理で、地元では「卵焼き」とも呼ばれています。たこが入っていて同じ鉄板で焼くことから、たこ焼きの仲間と思われがちですが、明石焼きは卵とだしに少しの粉を混ぜ合わせるシャバシャバの生地で、焼上りはやわやわの食感。これを、だしにつけて味わうので、ソースをつけるたこ焼きとは全然別物です。生地や焼き方も大事なんですが、おだしが味の決め手で、お吸い物くらいの味つけがちょうどいいように思います。

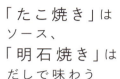

具も味も組合せ自在。

アレンジ！ 明石焼き

明石焼きの生地に好みの具材を入れて焼くのも楽しい。
下記は私のおすすめの具です。
あれば小口切りにした青ねぎも一緒に入れて焼き、
つけ汁やソース、マヨネーズでいただきます。

おすすめの具

天かす

サクサク食感が
加わる。

ちくわ

1.5 cm角に切る。

紅しょうが

みじん切りにする。

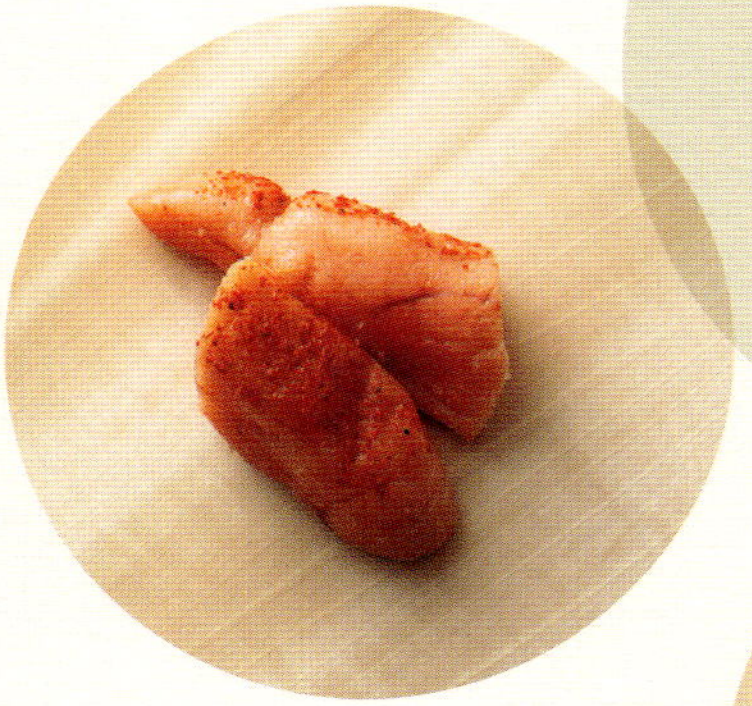

明太子

皮に切込みを入れ、
中身を取り出す。

とけるチーズ

そのまま使える
シュレッドタイプのもの。

かき玉汁

卵もおつゆもふわとろ。

和風にら玉

おじゃこでうまみプラス。

だしかけ温泉卵

温泉卵も簡単手作り。

かき玉汁

とろみをつけたおだしに卵を流し入れると、
よりふんわりして冷めにくくなります。

材料(2人分)

・卵(箸で切るようにとく)…1 個分
・飲みきりだし(8ページ参照)…2 カップ
(昆布 4 枚、かつお節 2 パック、水 2 カップ)

Ⓐ | うす口しょうゆ…小さじ 2/3　塩…小さじ 1/4 弱

・水溶きかたくり粉…大さじ 1(水、かたくり粉各小さじ 2)
・黒いりごま…適宜

作り方

1. 鍋に飲みきりだしとⒶを入れて中火にかけ、一煮立ちしたら水溶きかたくり粉を回し入れる。
2. 再び煮立ったら、とき卵を細く回し入れる。
3. 卵に火が通ったら泡立て器で軽く混ぜ、火を止めてごまを加える。

和風にら玉

ポイントは卵に火を入れすぎないこと。
おじゃこでうまみとカルシウム増し。

材料(2人分)

・卵(しっかりとく)…3 個分
・にら(3 cm長さに切る)…1/2 束分
・ちりめんじゃこ…15g　・しょうがのしぼり汁…小さじ 1/2
・飲みきりだし(8ページ参照)…4/5 カップ
(昆布 $1\frac{2}{3}$ 枚、かつお節 4/5 パック、水 4/5 カップ)

Ⓐ | うす口しょうゆ…小さじ 1　みりん…小さじ 2

・粉山椒…少々

作り方

1. 小さめのフライパンに飲みきりだしとⒶを入れて中火にかけ、煮立ったら、にら、ちりめんじゃこを加えて弱火で煮る。
2. 一煮立ちしたらとき卵を回し入れ、半熟状になったら火を止め、しょうがのしぼり汁を加え、ふたをして1分蒸らす。器に盛り、粉山椒をふる。

だしかけ温泉卵

たっぷりのおだしで味わう温泉卵。
えんどう豆で甘みが加わり、彩りもよくなります。

材料(2人分)

・卵(室温に戻す)…2 個
・うすいえんどう(さやから出す)…50g
・飲みきりだし(8ページ参照)…$1\frac{1}{2}$ カップ
(昆布 3 枚、かつお節 $1\frac{1}{2}$ パック、水 $1\frac{1}{2}$ カップ)

Ⓐ | うす口しょうゆ、みりん…各小さじ2

作り方

1. 温泉卵を作る。鍋に卵が充分つかるほどの熱湯を沸かし、火を止める。卵を1個ずつお玉で入れ、15 分たったら取り出して氷水で冷やし、殻をむいて器に盛る。
2. 小鍋に飲みきりだしとⒶを入れて中火にかけ、煮立ったらうすいえんどうを加え、弱火でやわらかくなるまで煮る。
3. ①に②を注ぎ入れる。

だし多めの煮物、焼き物、蒸し物

いつもの焼き物でもだしに浸すとうまみが増し、
だし多めの煮物はシチューのよう。
熱々のあんをかけると蒸し物は
本格和食になります。

野菜のうまみ、甘み深まる。

だしポトフ

おだしと好みの野菜で作る和のポトフ。
合わせる調味料で野菜が洋風になり、マスタードで味が完成します。

材料(2人分)

・キャベツ(縦半分に切る)…1/2 個分
・セロリ(筋を除き・a、15 cm長さに切る)…1/2本分
・じゃがいも(インカのめざめ/皮をむき、半分に切る)…2 個分
・ソーセージ…2 本
・飲みきりだし(8ページ参照)…3 カップ
(昆布 6 枚、かつお節 3 パック、水 3 カップ)

Ⓐ
白ワイン…1/4カップ
塩…小さじ 1/2 強
粒黒こしょう…3粒
ローリエ…1枚

・エキストラバージンオリーブ油…適宜
・ディジョン・マスタード…適宜

作り方

1. 厚手の鍋に飲みきりだし、Ⓐ、キャベツ、セロリ、じゃがいもを入れ (b)、ふたをして強火にかける。煮立ったら弱めの中火にして約 15 分煮る。ソーセージを加えて約7分煮る。
2. 器に①を盛り、オリーブ油をかけてマスタードを添える。

a

b

焼き野菜のおひたし

だしにつけて、
野菜の味を格上げ。

さばのだしかけ

焼き魚がだしで
しっとり、味変。

焼き野菜のおひたし

焼きたてをおだしに浸すだけ。
冷蔵庫で冷やしてもおいしいです。

材料(作りやすい分量)

- かぼちゃ(5㎜幅の薄切り)…150g
- パプリカ(縦 8 等分に切る)…1/2個分
- ズッキーニ(縦に薄切り)…1/2 本分
- みょうが(みじん切り)…1個分

〈 つけ汁 〉

- 飲みきりだし(8ページ参照)…1カップ
  (昆布 2 枚、かつお節 1 パック、水 1 カップ)
- 煮きり酒、煮きりみりん、赤ワインビネガー(または好みの酢)…各大さじ 1
- うす口しょうゆ、エキストラバージンオリーブ油…各大さじ 1/2
- 塩…小さじ 1/4
- 梅干し(包丁でたたく)…1個分

- 塩…少々
- オリーブ油(焼き用)…適宜

作り方

1. みょうが以外の野菜に塩をふる。
2. つけ汁を作る。材料を混ぜ合わせる。
3. フライパンにオリーブ油を入れて中火で熱し、①の野菜を焼く(a)。
4. 両面に焼き色がついたら熱いうちにバットに入れてみょうがを加え、②のつけ汁をかける(b)。

a

b

さばのだしかけ

オリーブ油とおだしは好相性。
焼きさばとお好みの野菜を
熱々のおだしで味わう一品です。

材料(2人分)

- さば(切り身)…2 切れ
- なす(縦 6 等分に切る)…1/2 本分
- 飲みきりだし(8ページ参照)…3/4 カップ
  (昆布 1½ 枚、かつお節 3/4 パック、水 3/4 カップ)

Ⓐ
- 濃口しょうゆ…大さじ 1/2
- みりん…大さじ 1/2
- 砂糖…小さじ 1　塩…少々

- オリーブ油…適宜　・ディル…少々

作り方

1. さばは両面に軽く塩(分量外)をふって 5 分おく。
2. フライパンを中火で熱し、オリーブ油をひいて①を皮目から焼く。こんがりと焼けたら上下を返し、もう片面も焼く。なすもさばの横で焼く(a)。油が足りなければ途中で足す。
3. 小鍋に飲みきりだしとⒶを入れて中火にかけ、煮立ったら火を止める。電子レンジで温めてもいい。
4. 器に②のさばとなすを盛り、③をかけ、ディルを添える。

a

おろしをからめて、さっぱり味わう。

豚肉のみぞれ煮

作り方64ページ

梅の香り立つ、おかず兼おつまみ。

豚ごぼうの梅干し煮

作り方64ページ

食べごたえのある和の蒸し物。

鶏のかぶら蒸し

作り方65ページ

べっこうあんでとろっと、熱々。

蓮根蒸し

作り方65ページ

豚肉のみぞれ煮（62ページ）

豚肉は火を通しすぎないようにし、
大根おろしでさっと炊きます。
せりがなければ三つ葉でも。

材料（2人分）

- 豚肩ロース肉（薄切り／3等分に切る）…100g
- 大根おろし（軽く絞る）…250g
- せり（根つき／ 5 cm長さに切る）…4本分
- 飲みきりだし（8ページ参照）…$1\frac{1}{2}$ カップ
（昆布 3 枚、かつお節 $1\frac{1}{2}$ パック、水 $1\frac{1}{2}$ カップ）

Ⓐ
うす口しょうゆ…小さじ$1\frac{1}{2}$
みりん…小さじ$1\frac{1}{2}$
塩…小さじ 1/4

- 粉山椒…適宜

作り方

1. 鍋に飲みきりだしとⒶ、せりの根を入れて中火にかけ（a）、煮立ったら豚肉を加え、アクを取りながら煮る。豚肉に火が通ったら大根おろしを加え（b）、一煮立ちしたら残りのせりを加えて火を止める。
2. 器に盛り、好みで粉山椒をふる。

a

b

豚ごぼうの梅干し煮（62ページ）

定番のごぼうと豚肉の組合せを
梅の味でさっぱりとした仕立てに。
ごぼうに味を含ませてから豚肉を加えます。

材料（作りやすい分量）

- 豚バラ肉（薄切り）…80g
- ごぼう（洗って、長めの乱切り）…1/2本分
- 飲みきりだし（8ページ参照）…2 カップ
（昆布 4 枚、かつお節 2 パック、水 2 カップ）

Ⓐ
梅干し…2個
酒…大さじ2

- 実山椒（水煮）…大さじ 1
- 塩…適宜

作り方

1. 鍋に飲みきりだしとⒶ、ごぼうを入れて強火にかけ（a）、煮立ったら弱火にし、アクを取りながら約 20 分煮る。
2. ごぼうがやわらかくなったら豚肉と実山椒を加えてほぐし（b）、約5分煮る。塩で調味する。

a

b

鶏のかぶら蒸し（63ページ）

かぶら蒸しといえば白身魚のイメージですが、
鶏肉で作ると食べごたえがあり、子どもも好きな味に。

材料（2人分）

- 鶏もも肉（2cm角に切る）…80g
- かぶ（皮を厚くむいてすりおろし、軽く絞る）…2 個分（350g）
- 卵白（角が立つくらい泡立て、塩ひとつまみを混ぜ合わせる）…1/2 個分
- かたくり粉…大さじ 1
- 塩…小さじ 1
- おろしわさび…適宜

〈 銀あん 〉

- 飲みきりだし（8ページ参照）…1カップ
（昆布 2 枚、かつお節 1 パック、水 1 カップ）

Ⓐ
| うす口しょうゆ…大さじ 1/2
| みりん…小さじ 2
| 酒…小さじ 1　塩…小さじ 1/4

- 水溶きかたくり粉…大さじ 1（水、かたくり粉各小さじ 2）

作り方

1. 鶏肉は煮きり酒とうす口しょうゆ各少々（分量外）をかけてもむ。耐熱の器に等分に入れてラップをかけ、蒸気の上がった蒸し器で約 5 分、強火で蒸す。
2. ボウルにかぶを入れて泡立てた卵白、かたくり粉、塩を加え、切るように混ぜる。
3. ①を取り出してラップを外し、②のかぶら地をのせる。ラップをかけ、蒸気の上がった蒸し器で約 5 分、弱火で蒸す。
4. 銀あんを作る。小鍋に飲みきりだしとⒶ を入れて弱火にかけ、煮立ったら水溶きかたくり粉を回し入れ、約1分混ぜてとろみをつける。
5. 蒸し上がった③に、④の銀あんをかけ、わさびをのせる。

蓮根蒸し（63ページ）

モチッとした蓮根には、
少し濃い味のべっこうあんが合います。
蓮根の水分を見て、かたくり粉の量を加減します。

材料（2人分）

- 蓮根（皮をむいてすりおろし、軽く絞る・a）…150g
- むきえび（酒少々でもみ、粗く刻む）…6 尾分
- かたくり粉…約小さじ 1
- 塩…ひとつまみ

〈 べっこうあん 〉

- 飲みきりだし（8ページ参照）…3/4 カップ
（昆布 1½ 枚、かつお節 1½ パック、水 3/4 カップ）

Ⓐ | みりん、濃口しょうゆ…各 25 mℓ

- 水溶きかたくり粉…大さじ 1（水、かたくり粉各小さじ 2）
- 小松菜（ゆでて食べやすい長さに切る）…1 束分
- おろししょうが…適宜

作り方

1. ボウルに蓮根を入れてかたくり粉と塩を合わせ、むきえびを加え混ぜる。丸めて器に等分に盛る。
2. 蒸気の上がった蒸し器に①を入れ、中火で約 10 分蒸す。
3. べっこうあんを作る。小鍋に飲みきりだしとⒶを入れて弱火にかけ、煮立ったら水溶きかたくり粉を回し入れ、約1分混ぜてとろみをつける。
4. 蒸し上がった②に、③をかけ、小松菜とおろししょうがをのせる。

一品で満足の滋味だしごはん

のりだし茶漬け

だしで淹れたお茶で味わう。

作り方70ページ

ちょっとお疲れの時の癒しにも、
おもてなしの締めにもなる、だしごはん。
あっさりからこってりまで、
バラエティ豊かに楽しめます。

ご飯にからむ湯葉あんが絶品。

精進あんかけ丼

作り方70ページ

だし×バターで洋風に。

バター雑煮

作り方71ページ

おだしを吸った麩がとろとろ。

ふわとろ親子丼

作り方71ページ

のりだし茶漬け（66ページ）

お茶はおだしで煮出すとお茶勝ち、
急須で淹れるとだし勝ちに。
味わい深く、満足感があります。

材料（1人分）

- 明太子（軽く焼く）…1/2 腹
- 大葉（せん切り）…3枚分
- 刻みのり…適宜
- 温かいご飯…茶碗1杯分
- 飲みきりだし（8ページ参照）…1½ カップ
（昆布 3 枚、かつお節1½ パック、水 1½ カップ）
- 煎茶…5g

作り方

1. 鍋に飲みきりだしを入れて中火にかけ、煮立ったら煎茶を入れた急須に注ぎ、2 分蒸らす。
2. 器にご飯を盛り、明太子と大葉をのせ、熱々の①を注ぎ、のりを散らす。

精進あんかけ丼（67ページ）

あんをかけると具材がご飯になじみ、
一品完結のごちそうごはんになります。
きのこは2種類以上使うとおいしい。

材料（1人分）

- 生湯葉（一口大に切る・a,b）…40g
- エリンギ（石づきを落とし、食べやすい大きさに切る・b）、
まいたけ（石づきを落とし、小房に分ける・b）
…合わせて 80g
- 温かいご飯…茶碗1杯分
- 飲みきりだし（8ページ参照）…3/4 カップ
（昆布1½ 枚、かつお節 3/4 パック、水 3/4 カップ）

Ⓐ
うす口しょうゆ…大さじ 1⅓
みりん…大さじ 1
酒…小さじ 1
塩…少々

- 水溶きかたくり粉…大さじ 1½（水、かたくり粉各大さじ 1）
- おろしわさび…適宜

作り方

1. 鍋に飲みきりだしとⒶを入れて中火にかけ、煮立ったら湯葉ときのこを加えて 3〜4分煮る。水溶きかたくり粉を回し入れて（c）、弱火にし、約1分混ぜてとろみをつける。
2. 器にご飯を盛り、①をかけてわさびを添える。

バター雑煮（68ページ）

バターをひとかけ入れるだけで、
味に奥行きが生まれます。
粗びきこしょうを利かせると美味。

材料（2人分）

- 丸餅（焼く）…小4個
- バター…2 かけ（20g）
- 飲みきりだし（8ページ参照）…2 カップ
（昆布 4 枚、かつお節 2 パック、水 2 カップ）

Ⓐ｜うす口しょうゆ…小さじ 1/2
　｜塩…小さじ 1/6

- 粗びき黒こしょう…適宜

作り方

1. 鍋に飲みきりだしを入れて中火にかけ、煮立ったらⒶを加えて調味する。
2. 器に焼いた餅を2個ずつ盛り、①を注ぐ。バターをのせて粗びき黒こしょうをふる。

ふわとろ親子丼（69ページ）

麩がおだしを吸ってくれるので、
つゆだくでもご飯がベタッとなりません。
卵は加熱しすぎないこと。

材料（1人分）

- 鶏もも肉（そぎ切り）…50g
- 卵（1個は卵白と卵黄に分ける）…2個
- 乾燥麩（水に 2〜3 分つけてもどし、軽く水気を絞る）…4 個
- 青ねぎ（斜め薄切り）…1本分
- 温かいご飯…茶碗 1 杯分
- 飲みきりだし（8ページ参照）…大さじ 6
（昆布 1 枚、かつお節 1 パック、水大さじ6）

Ⓐ｜みりん…大さじ 2 弱　うす口しょうゆ…大さじ 1 弱

- 粉山椒…適宜

作り方

1. 小鍋に飲みきりだしとⒶを入れて中火にかけ、表面がグツグツしてきたら鶏肉を並べ入れる。一煮立ちしたら、軽く絞った麩を鶏肉に重ならないように加える（a）。
2. 鶏肉にほぼ火が通ったら青ねぎを散らし、全卵と卵白をとき合わせた卵を回し入れる（b）。半熟状になったら火を止め、ふたをして1〜2分蒸らす（c）。
3. 器にご飯を盛り、②、卵黄の順にのせる。粉山椒をふる。

具材のうまみでおいしさアップ。

かやくご飯

鶏肉や油揚げを入れるとうまみが加わり、
ご飯の炊上りにツヤが生まれます。
具材は大きさを揃えて切ります。

材料(2〜3人分)

- 鶏もも肉(1cm角に切る)…50g
- ごぼう(小口切り)…1/4本分
- にんじん(5mm幅の細切り)…1/2本分
- こんにゃく(5mm幅の短冊切り)…1/4枚分
- しいたけ(軸は石づきを落とし、さく。かさの部分は薄切り)…2個分
- 油揚げ(熱湯を回しかけて油抜きし、5mm幅の短冊切り)…1/2枚分
- 米(洗って、ざるに上げる)…1½合
- 飲みきりだし(8ページ参照)…1¼カップ
  (昆布2½枚、かつお節1¼パック、水1¼カップ)
- 酒…大さじ2⅓
- うす口しょうゆ…大さじ1

作り方

1. 鶏肉は酒少々(分量外)をふる。
2. 土鍋に米と飲みきりだしを入れ(a)、上にすべての材料を加え(b)、ふたをして強火にかける。煮立ったら弱火にして12〜13分炊き、火を止めて約15分蒸らす。

a

b

おかずいらず、みんな大好き「かやくご飯」

麻子のひとり言

かやくご飯のかやくは「加薬」と書き、細かく切った肉や野菜などの具材を入れたご飯のこと。関西では炊込みご飯のことをこう呼ぶ人が多いです。これさえあればおかずはいらず、お汁とお漬物があればそれで一食になります。細かく刻んだ具材とだしのうまみを吸ったご飯は本当においしく、鶏肉や油揚げを入れるとその油で冷めてもパサパサになりません。これだけで満足できるしっかりとした味わいで、いただく度に「よくできたごはんだなぁ〜」と思います。

お疲れの日の定番ごはん。

だしがゆ

作り方76ページ

薬味とごま油でエスニックに。

桜えびときのこの雑炊

作り方76ページ

切り身をくずしながら味わう。

鮭雑炊

作り方77ページ

体が喜ぶ癒しごはん。

もずく雑炊

作り方77ページ

だしがゆ（74ページ）

疲れた日によく作るおかゆ。
おなかがゆっくり満たされ、落ち着きます。

材料（2人分）

- 米（洗って、ざるに上げる）…1/2 合
- 飲みきりだし（8ページ参照）…3 カップ
  （昆布 6 枚、かつお節 3 パック、水 3 カップ）
- 塩、ぶぶあられ、塩昆布…各適宜

作り方

1. 土鍋に飲みきりだしと米を入れ、ふたをして中火にかける。
2. 沸騰したらふたをずらし、米が躍るくらいの弱火で炊く。鍋底に米がくっつかないようにしゃもじでやさしく混ぜる（a）。何度も混ぜると米がつぶれてのり状になるので注意する。
3. 約 30 分を目安に、好みのかたさになったら火を止めて塩で味を調え、混ぜる。
4. 器に盛り、ぶぶあられと塩昆布を添える。

a

桜えびときのこの雑炊（75ページ）

桜えびを入れると風味よく、きのこでうまみ増し。
冷やご飯は粘りが出やすいので水で洗って使います。

材料（2人分）

- 桜えび…20g
- しいたけ（軸は石づきを落とし、さく。かさの部分は薄切り）…3 個分
- さやいんげん（2cm長さに切る）…4本分
- 温かいご飯…茶碗1杯分
- 飲みきりだし（8ページ参照）…2カップ
  （昆布 4 枚、かつお節 2 パック、水 2 カップ）
- 塩…小さじ 1/3
- ごま油…適宜
- ザーサイ、パクチー（共に粗く刻む）…各適宜

作り方

1. 鍋に飲みきりだしを入れて中火にかけ、煮立ったら桜えびとしいたけ、さやいんげんを加える（a）。
2. ①にご飯を加えてほぐし、一煮立ちしたらさらに約 1 分煮て、塩で味を調える。さらっとした状態に仕上げる。
3. 器に盛り、仕上げにごま油をかける。ザーサイとパクチーを添える。

a

もずく雑炊 (75ページ)

雑炊はできるだけシンプルがいい。
手早く作れて奥深い味わい。するするいただけます。

材料(2人分)

- もずく(水でさっと洗って水気をきり、包丁でたたく)…70g
- しょうが(せん切り)…1/2 かけ分(8g)
- 温かいご飯…茶碗1杯分
- 飲みきりだし(8ページ参照)…1¾ カップ
  (昆布1½ 枚、かつお節 1¾ パック、水 1¾ カップ)

Ⓐ
うすロしょうゆ…小さじ 2/3
塩…小さじ 1/3

- みょうが(せん切り)…1 個分

作り方

1. 鍋に飲みきりだしとⒶを入れて中火にかける。
2. 煮立ったらご飯としょうがを加えてご飯をほぐし、一煮立ちしたらさらに約1分煮、もずくを加えて約 1 分煮る(a)。
3. 器に盛り、みょうがを添える。

a

鮭雑炊 (75ページ)

塩鮭をトッピングした卵雑炊。
鮭は切り身のままのせるとごちそう感が増します。

材料(2人分)

- 塩鮭(焼く)…2 切れ
- 温かいご飯…茶碗1杯分
- 卵(ときほぐす)…3個分
- 飲みきりだし(8ページ参照)…1½ カップ
  (昆布 3 枚、かつお節 1½ パック、水 1½ カップ)

Ⓐ
酒…大さじ 1
うすロしょうゆ…小さじ 2
塩…少々

- 白いりごま…大さじ1
- 三つ葉(3cm長さに切る)…適宜

作り方

1. 鍋に飲みきりだしと Ⓐ を入れて中火にかけ、煮立ったらご飯を加え、ほぐす。再び煮立ったら、とき卵を回し入れ(a)、ふたをし、弱火で煮る。
2. 一煮立ちしたらごまを散らし、火を止める。
3. 器に盛り、焼き鮭をのせて三つ葉を添える。

a

おじやのようにやさしい味。

だしリゾット

作り方80ページ

ご飯と鶏肉が一度にでき上がる。

和風カオマンガイ

作り方81ページ

だしリゾット（78ページ）

だし、白ワイン、バターでご飯がリゾットに。
おだしを足しながら煮上げます。

材料（2人分）

- アスパラガス（根元のかたい部分を切り落とし、2cm長さに切る）…3 本分
- 米…1/2 合
- オリーブ油…大さじ 1
- 飲みきりだし（8ページ参照）…$2\frac{1}{2}$ カップ
（昆布 5 枚、かつお節 $2\frac{1}{2}$ パック、水 $2\frac{1}{2}$ カップ）
- 白ワイン…大さじ 1/2
- バター…10g
- パルミジャーノ・レッジャーノ…20g
- 塩…少々
- 粗びき黒こしょう…適宜

作り方

1. 鍋にオリーブ油と米を入れて中火にかけ、米に油が回るようにやさしく混ぜながら、約 3 分いためる。米が白くなったら白ワインを加え、温めた飲みきりだしの一部をひたひたになるくらいまで注ぎ（a）、鍋底をこそぎ、鍋を揺する。混ぜすぎると粘りが出るので注意する。
2. 米がだしを吸って表面に穴があいてふつふつとしたら（b）、飲みきりだしを少しずつ足しては鍋を揺すり（c,d）、約5分弱めの中火で煮る（だしは全部入れずに残しておく）。
3. アスパラガスを加え、汁気がほぼなくなったら残りの飲みきりだしを足し、鍋を揺すりながら約 10 分煮る。米の芯がわずかに残るアルデンテになったら火を止める。
4. バターとパルミジャーノ・レッジャーノを加えて余熱でとかし、塩で調味する。
5. 器に盛り、粗びき黒こしょうをふる。

和風カオマンガイ（79ページ）

タイの人気チキンライスのカオマンガイ。
ナンプラーが苦手な人も食べやすく、それでいて本場の味です。

材料（2～3人分）

- 鶏胸肉…1 枚
- 塩麹…大さじ 1
- 米（洗って、ざるに上げる）…$1\frac{1}{2}$ 合
- 飲みきりだし（8ページ参照）…$1\frac{1}{2}$ カップ
（昆布 3 枚、かつお節$1\frac{1}{2}$ パック、水 $1\frac{1}{2}$ カップ）
- しょうが（皮をむき、せん切り）…1 かけ分

Ⓐ 酒…大さじ 1
うす口しょうゆ…小さじ 2

Ⓑ 黒酢、うす口しょうゆ、ごま油
（1：1：1 で混ぜ合わせ、好みで豆板醤を入れる）…適宜

- パクチー（根元を落とし、2cm長さに切る）…適宜
- トマト（薄いくし形切り）…1 個分
- きゅうり（斜め薄切り）…1 本分
- レモン（あれば）…適宜

作り方

1. 鶏肉に塩麹をもみ込み、10 分おく。
2. フライパンに米と飲みきりだし、しょうが、Ⓐを入れて軽く混ぜ、①の鶏肉をのせて強火にかける。煮立ったら吹きこぼれないように火を弱め、ふたをして 12～13 分炊き、15 分蒸らす（a）。
3. ②の鶏肉を取り出し、食べやすい大きさに切る（b）。
4. 器に②のご飯を盛り、③とパクチーをのせ、混ぜ合わせたⒷのたれをかける。トマトときゅうりをあしらい、好みでレモンを添える。

a

b

だしキーマ

だしと簡単スパイスで深い味わい。

短時間で作ったとは思えない、
深い味わいのキーマカレー。
市販のカレー粉を使い、はちみつを隠し味に。

材料(2〜3人分)

- 牛豚合いびき肉…150g
- 玉ねぎ(5㎜角に切る)…1/2個分
- オクラ(塩少々でもみ、1㎝幅に切る)…5本分
- ピーマン(5㎜角に切る)…2個分
- トマト(5㎜角に切る)…1/2個分
- ひよこ豆ドライパック…80g
- にんにく(みじん切り)…1かけ分
- しょうが(みじん切り)…1かけ分
- 飲みきりだし(8ページ参照)…1/2カップ
  (昆布1枚、かつお節1/2パック、水1/2カップ)
- 白ワイン…大さじ1

Ⓐ
カレー粉…大さじ1½
クミン…小さじ1
濃口しょうゆ…大さじ1
ウスターソース…小さじ1
はちみつ…大さじ1/2

- オリーブ油…大さじ1/2
- 塩…適宜
- 温かいご飯…適宜
- ラディッシュ(あれば)…適宜

作り方

1. フライパンにオリーブ油を中火で熱し、にんにくとしょうがを入れ、香りが立ったらひき肉、玉ねぎを加えていためる(a)。肉の色が変わったらオクラとピーマン、トマトを入れてひと混ぜし、ひよこ豆を加える。
2. 飲みきりだしと白ワインを加えて(b)、へらで平らに広げ、ふたをして弱めの中火で約6分蒸し煮にする。
3. Ⓐを加えてひと混ぜし(c)、汁気がほぼなくなるまでいため、味をみて塩で調える。
4. 器にご飯を盛り、③をかける。あればラディッシュを添える。

手軽なのに本格的！

飲みほす

ごくごく
だしの本

2024年10月19日　第1刷発行

著　者　　吉田麻子
発行者　　清木孝悦
発行所　　学校法人文化学園 文化出版局
〒151-8524 東京都渋谷区代々木3-22-1
tel. 03-3299-2479（編集）
tel. 03-3299-2540（営業）

印刷・製本所　　株式会社文化カラー印刷

文化出版局のホームページ　https://books.bunka.ac.jp/

吉田麻子（よしだ・あさこ）

料理家、上方料理研究家。大阪生れ。辻調理師専門学校をはじめ、数々の料理学校で料理を学び、2012年に料理家として活動をスタート。予約がとれない料理教室として評判の「吉田麻子料理教室」を主宰するほか、企業のレシピ開発や監修、食育、テレビや雑誌などでも幅広く活躍。著書に『ちゃんとおぼえたい和食』『吉田麻子の簡単、おいしい魚料理』（共に秀和システム）などがある。2018年、2019年2年連続で「料理レシピ本大賞」の料理部門に入賞。大阪の味や食材を次世代に伝える「上方文化研究會」主宰。「おおさか食品ロス削減」事業パートナー。

デザイン・伊庭 勝、伊庭貞江（tramworks）
撮影・内藤貞保
取材、文・西村晶子
イラスト・田葉仁美
校閲・位田晴日
編集・鈴木百合子（文化出版局）